What to Do When You Feel Too Shy

太害羞
怎麼辦？

A Kid's Guide to Overcoming Social Anxiety

幫助孩子克服社交焦慮

Claire A. B. Freeland
Jacqueline B. Toner　　著
Janet MaDonnell　繪圖

自然就好心理諮商所 策劃
陳信昭 審閱
陳信昭 陳弘恩 陳玠綸 譯

書泉出版社 印行

What to Do When You Feel
Too Shy

A Kid's Guide
to Overcoming
Social Anxiety

Claire A. B. Freeland, PhD,
and Jacqueline B. Toner, PhD

目　錄

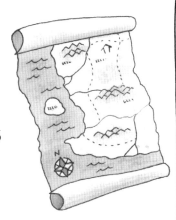

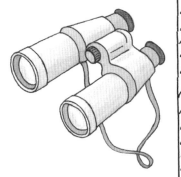

對父母及照顧者的說明

教養的樂趣之一就是看到孩子長成一個獨立且獨一無二的個體，並且擁有他自己的個性和風格。不再每件事都依賴著你，孩子終於可以靠自己面對外面的事物。但是萬一孩子有社交焦慮怎麼辦呢？孩子無法有社交上的信心去自我主張或是難以加入群體怎麼辦呢？看到孩子拒絕參加同學的生日趴，或是不去參加同學求之不得的活動，對父母來說都是一件辛苦的事情。

固然每個孩子（甚至每個人）偶而都會經歷害羞的感覺，但某些孩子更常有自覺意識且更常拒絕參與。他們高估了遭受尷尬情況和被拒絕的可能性。他們也因此遭受真正的苦惱。一旦他們處在某種社交情境，他們的大腦和身體就會發出警報。

固然可以很容易地將這類孩子歸類為害羞，但害羞和社交焦慮其實並不一樣。固然有許多害羞的孩子經驗到社交焦慮，但有許多並沒有，而且並不是所有社交焦慮的孩子都會害羞。進入不熟悉的情境會小心翼翼的孩子，或是覺得自己被評價時會有自覺意識的孩子，通常會被認為是害羞。許多孩子都有這種輕度到中度的害羞。這些孩子在特定情境下可能需要較長的時間調適，但最終他們會暖身並融入。另一方面，有社交焦慮的孩子在帶有社會評價的情境中會出現明顯

的害怕及尷尬，導致他們經驗到高度的困擾，甚至完全逃避這些情境。

社交焦慮從哪兒來的呢？這並沒有確切的答案。多數可能有幾種因素夾雜在一起，其中包括有容易焦慮的生理脆弱體質。其他的因素包括角色楷模、文化差異以及各樣的早期經驗。然而，不管原因為何，孩子還是可以學得一些技巧來增進社交方面的信心。

日常活動方面的困難會帶來壓力，這些活動包括加入談話、課堂上回答問題、在餐廳點菜、參加一般的課外活動和表演，甚至只是待在團體裡面。假如你的孩子正掙扎於社交焦慮，你一定很了解他處在眾人焦點的時候會出現哪些狀況：發冷、頭暈、顫抖、臉紅等等。你過去可能在孩子不斷拒絕參與活動時與他有過角力，也經歷過他不斷哀求、發脾氣，甚至甘願接受處罰，只為了可以不用去參加令他害怕的活動。

在這些時刻不僅僅是你的孩子和你的家庭受苦，你的孩子也失去可以帶來成長的一些重要經驗。社交信心不僅僅是讓人感覺好一點而已，它是很有用的東西。在社交上有信心的孩子在學校裡比較成功，他們與同儕相處比較融洽，接受比較多挑戰，並且從他人獲得比較的多支持。

假如你的孩子在社交上一點都沒信心，你要用心關注。《太害羞怎麼辦》可以幫助你的孩子在社交場合更加自在。這個方法是根據認知行為原則而來，結合了幾種成分：

- 練習社交技巧，諸如打招呼、問問題，以及回應他人。

- 自我肯定訓練，包括維護自己主張。

- 逐漸暴露於比較難應付的情境，並且在各種情境中更加獨立。

- 新的思考方式，學習有信心的孩子會對自己說些什麼。

- 事情不如預期時的問題解決技巧。

- 面對壓力的情緒自控。

透過各種練習的活動和機會，你的孩子將會學習到大聲說話、參與活動，並且藉由一步一步的成功來擴展他的舒適圈。

雖然這本書是為你的孩子而寫，要成功需要你的參與。若你的孩子還很小，你就很有機會教導他有助於客服社交焦慮的那些行為。我們建議你先自己讀過這本書，然後再跟孩子一起讀，但慢慢地一章一章讀。在過程中要鼓勵孩子做練習，並且討論書中的練習如何應用到真實生活中。你的孩子需要花時間吸收，並且做許多練習。只要孩子有努力，你就要給他足夠的鼓勵。累積小改變就會造成大改變。

假如你發現自己過去也曾遭受社交焦慮所困，你會看到書中許多例子也曾在你過去的經驗中出現。可以跟孩子談談你的因應策略，以及你如何讓焦慮不至於干擾到你的生活。

假如你在社交場合中很少出現焦慮，你要盡力去理解你孩子的處境。你的同理和耐心將會很有助於讓孩子感到被支持，也會讓他更勇於冒險。

不管你過去的經驗如何，以下一些建議可以讓你幫助孩子找到一些健康的方法來面對社交焦慮：

- 幫孩子做好面對新經驗的心理準備。

- 確認你孩子的感受並且展現你的接納。

- 以自在的步調將你的孩子暴露於各種新的經驗。

- 支持並滋養你孩子的才能和興趣。

- 扮演友善及優雅社交行為的角色楷模。

- 保持冷靜並且表達對孩子的信心。

多數不擅長社交的孩子長大之後就會慢慢改善，但是有些被社交焦慮困住的孩子比較容易產生其他問題，諸如過多的焦慮和害怕、易怒或睡眠問題。你會發現其他的〈怎麼辦〉系列書籍可以用來處理這些狀況。假如困難持續存在，你可以找兒童青少年精神科醫師或心理衛生專業人員提供評估或其他資源。

準備從讓人眼花撩亂的馬戲團般家庭生活中抽出一些親子時間來建立社交信心了嗎？這一次好好跟孩子共享，因為很快地他就會忙著跟朋友去參加各種活動了。

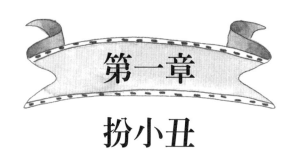

第一章

扮小丑

去馬戲團的時候總是會看到小丑，他們表演一些把戲讓我們發笑。他們穿著顏色鮮豔的衣服、大大的鞋子，還有各式假髮和色彩繽紛的帽子。

有一件事很確定：小丑用他們鮮明的妝扮和滑稽的動作把人們的注意力放在他們身上。你是否注意到他們似乎很喜歡人們看著他們並且笑他們？

有時候你可能希望別人把焦點放在你身上，但有時候可能不想要。在那些時候，別人把注意力放在你身上可能會讓你不自在。許多孩子在覺得別人注意到他的時候會感到害羞，但這種感覺其實很正常。感覺是你身為自己很重要的部分，即使是不自在的感覺。

　　但是有些孩子在眾人注目下會感到超級不自在，他們的心理和身體太常感到害羞或緊張了。問題在於在別人面前太害羞有時候真的會妨礙到你的生活了。

　　除了感到不自在，若是你強烈感到尷尬或是擔心別人會嘲笑你或批評你，你可能就會不參加一些很酷的活動，因而錯失了許多樂趣。最後你可能會覺得被排擠或感到孤單。

　　這些感覺可能會讓你無法獲得你想要或需要的東西。

你還記得處在眾人注目之下而感到太害羞的時候嗎？下列這些情況曾經發生在你身上嗎？

- 你知道老師所問問題的答案，
  但你卻沒有舉手。

- 即使你溜冰溜得很棒，但你因害羞
  而沒有加入溜冰隊。

- 生日聚會聽起來很棒但你卻決定不去參
  加，因為你擔心會碰到不認識的人。

- 你沒有買到想要的公仔，因為
  你不敢開口要店員幫你找。

或許還有其他時候，你也擔心別人在看你，而且造成你的困擾。

寫下或畫出你感到
很害羞的時候

爲了避免擔心眾人注目的感覺變得太過強烈，你需要學習一些不同的方法來處理你自己。當然改善不是一蹴可幾。透過採取一些小步驟，你就會有一些進展，並且開始克服害羞的感覺。你在跟別人相處的時候就會有更多信心，然後你就會發現眾人注目其實並不是一件壞事。

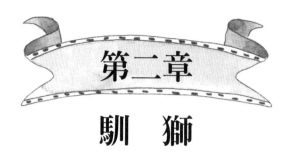

第二章

馴　獅

有些馬戲團會有獅子表演。牠們坐在高台上，在馴獸師揮舞鞭子時，牠們就從一個高台跳到另一個高台。牠們甚至還會跳火圈。

馴獸師並不害怕，因為他已經學會要求獅子表演的方法。但假如是由你來安撫獅子，你就會很害怕！這是一件好事，因為除非你花費數年時間學習如何安撫獅子，否則安撫獅子並不安全。當我們處在不安全的情境時，我們的心跳會加快，身體會顫抖，肌肉也會緊繃。這是我們的身體在提醒我們處在危險的處境中。這會對我們有所幫助，因為我們就會留意這些訊號，然後將自己帶到安全的地方。

有時候即使身邊沒有獅子，而且也沒有別的東西會傷害我們，但我們的身體卻仍然用這種方式回應，這就稱為**焦慮**。通常人們在身體經驗到的**焦慮**就像是一種害怕反應。**焦慮**有時會偷偷地找上你。

　　還記得第一章提到處在眾人注目之下而感到不自在嗎？當你跟別人相處而感到太害羞或尷尬或不自在時，你的身體就會表現出**焦慮**的反應。

不同的人會在身體不同部位感受到**焦慮**。請看下面畫的這個人，然後想想當人們看著你或是你必須在別人面前說話，也就是當你處在眾人注目之下時，你身體的哪個部位會感到**焦慮**，將它圈出來：

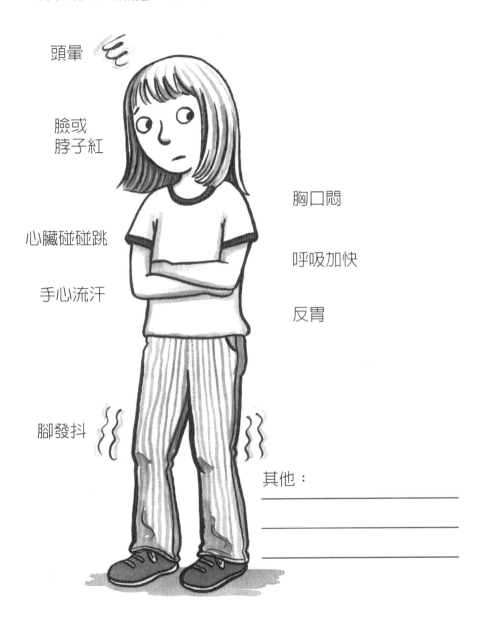

頭暈

臉或脖子紅

胸口悶

心臟碰碰跳

呼吸加快

手心流汗

反胃

腳發抖

其他：
_____
_____
_____

大多數人在某些情境下處在眾人焦點時會有**焦慮**。

看看以下清單。下面哪些情境會讓你感到**焦慮**？

☐在課堂上被叫起來回答問題或大聲唸書

☐在課堂上做報告

☐到前面黑板上寫字

☐在校內以小團體方式進行方案

☐在操場上接觸一群孩子並加入他們

☐參加團體活動，諸如冰淇淋社交活動或其他活動

☐上學遲到

☐在朋友家上廁所

□去鄰居家幫爸爸或媽媽拿東西

□接電話

□在餐廳點餐

□打電話給朋友

□參加校外活動

□獨奏表演

□要求朋友一起玩

□開啓談話

□跟大人說話

□在櫃檯付錢

哪些情況你有打勾呢？

　　請留意這些事項中沒有一項有眞正的危險——不像安撫獅子！但是你的身體反應卻表現得像是有危險一樣。

經常讓你感到**焦慮**的情境稱爲**誘因**。

這些**誘因**情境帶來**擔心想法**，進而產生**焦慮感覺**。然後，你可能就會覺得太害羞而無法做任何事，只想盡快離開這個情境。

這就像是連鎖反應一樣。每件事都連在一起，一件事導致下一件事發生。

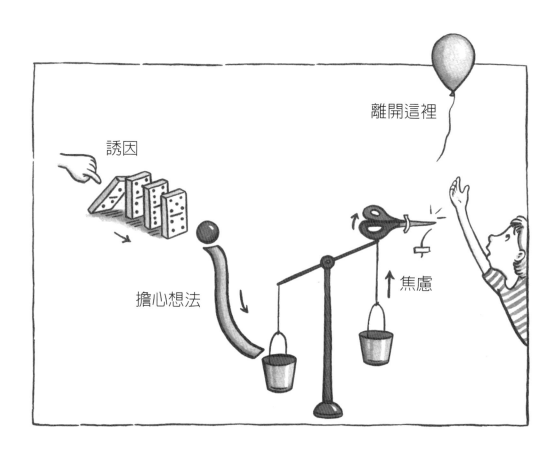

那這些**擔心想法**是什麼呢？以下就是常見的例子：

- 「每個人都會笑我。」
- 「他們不喜歡我。」
- 「我不知道該說什麼。」
- 「大家會看出我很緊張。」

那些**擔心想法**當然會製造出**焦慮**！一旦某人有了那些想法和感覺，接下來會發生什麼呢？那個人可能會做什麼呢？

他們可能會：

- 不講話。
- 試著離開。
- 眼睛往下看。
- 拒絕參加有趣的活動。

所以，你看到**誘因**情境如何帶來**擔心想法**，進而導致**焦慮**，結果造成你錯失重要的成就或樂趣。

假如你是為了要逃避你的**焦慮感覺**而避免一些情境，你要知道其實你並不孤單。每個人都難免有時候會感到害羞，而且有許多孩子在眾人注目之下都會覺得**焦慮**。以下有好消息：有一些技巧和策略可以帶來幫助。在學會了這些技巧之後，許多孩子都覺得比過去更不會感到**焦慮**了。

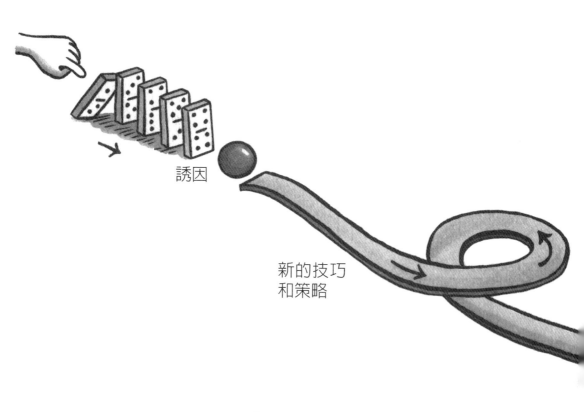

誘因

新的技巧
和策略

想要改變連鎖反應嗎？一旦你改變你的想法和行為，你就可以「馴化那隻獅子」，並且改變你的**焦慮**。

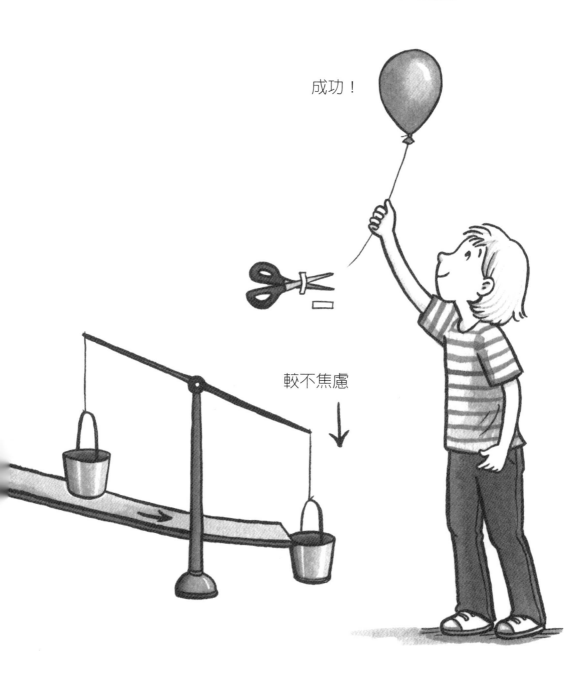

成功！

較不焦慮

第三章
處在眾人注目之下

馬戲團表演者在一場表演中，需要有許多不同的技巧和策略。假如一位表演者心裡想著，「我不可能耍那麼多木瓶，我一定會掉下來，到時候每位觀眾都會笑我」，你能想像會是什麼情況嗎？那些**擔心想法**可能會讓他很**焦慮**，使得他放棄表演。

但假如表演者改變他的**擔心想法**，那又會怎樣呢？他可以想著，「我已經學會這套技巧，每個人都會在馬戲團度過快樂時光，即使我掉了一支木瓶，我想大家還是會很喜歡這場秀。」你認為那些想法會鼓勵他嘗試看看嗎？本章會教你辨認**擔心想法**的一些方式，以及如何用**信心想法**來挑戰它們，如此一來，你就可以走進眾人注目之下仍然光彩四溢！

嗨，我做得挺好的！

以下是常常導致孩子出現**焦慮**感覺的**擔心想法**：

- 「我不知道該說什麼。」
- 「她可能不想跟我一起玩。」
- 「他們不會喜歡我的口頭報告。」
- 「每個人都會看出我在發抖。」
- 「我可能會搞砸。」

這些想法很負面，會讓人更容易感到**焦慮**。有不同類型的**擔心想法**，其中包括有：**眾人注目下的想法**、**讀心術想法**，以及**自我懷疑想法**。

到餐廳吃飯對柔伊來說，是一天中很難度過的時光。她心中想著同學一定都在看她吃飯。她很擔心會一邊含著食物一邊講話，因此她都保持沉默。柔伊的想法讓她感覺到自己處在眾人注目之下，好像有個鎂光燈照在自己身上一樣。一旦你有了**眾人注目下的想法**，你會想著有很多人在注意你，但其實沒那麼多。

泰勒打曲棍球有一次射門沒進，接下來的比賽中他就一直想著他的隊友和觀眾都會認為他打得不好。就好像他認為自己可以完全知道別人心裡在想些什麼一樣。一旦你有了**讀心術想法**，你就會假定你可以知道別人心裡在想些什麼。

安德魯被選進學生會，但他卻拒絕此職位。他認為自己很難勝任此工作。他覺得自己無法貢獻好意見，開會之後回到班上也無法記得該報告什麼給同學聽。安德魯的想法讓他感覺到自己會讓每個人都失望。一旦你有了**自我懷疑想法**，你就會認為自己不夠好。

眾人注目下的想法、**讀心術想法**，以及**自我懷疑想法**都會讓**焦慮**變得更強。這些想法其實不合理也沒有幫助。不過，你可以運用**信心想法**來挑戰你的不合理想法，並且幫助你變得比較不**焦慮**。

　　用**信心想法**幫助柔伊、泰勒和安德魯挑戰他們的不合理想法。

　　舉例來說，柔伊可以試著這樣想，「別人是注意我在說什麼，不是我在吃什麼。」你還想到柔伊可以用什麼其他的**信心想法**來挑戰她的**眾人注目下的想法**嗎？

_____

_____

_____

_____

_____

_____

_____

_____

泰勒如果不要有**讀心術想法**，他可以想著，「觀眾可能在想著比賽，不是只在我的事情。」你可以替泰勒想出其他的**信心想法**嗎？

＿＿＿＿＿＿＿＿＿＿＿＿＿＿＿＿＿＿＿＿＿＿

＿＿＿＿＿＿＿＿＿＿＿＿＿＿＿＿＿＿＿＿＿＿

＿＿＿＿＿＿＿＿＿＿＿＿＿＿＿＿＿＿＿＿＿＿

＿＿＿＿＿＿＿＿＿＿＿＿＿＿＿＿＿＿＿＿＿＿

＿＿＿＿＿＿＿＿＿＿＿＿＿＿＿＿＿＿＿＿＿＿

＿＿＿＿＿＿＿＿＿＿＿＿＿＿＿＿＿＿＿＿＿＿

　　當安德魯出現**自我懷疑想法**，他可以告訴自己，「每個人偶而都會搞砸事情，不過我一般都還做得不錯。」安德魯還可以運用什麼**信心想法**呢？

＿＿＿＿＿＿＿＿＿＿＿＿＿＿＿＿＿＿＿＿＿＿

＿＿＿＿＿＿＿＿＿＿＿＿＿＿＿＿＿＿＿＿＿＿

＿＿＿＿＿＿＿＿＿＿＿＿＿＿＿＿＿＿＿＿＿＿

＿＿＿＿＿＿＿＿＿＿＿＿＿＿＿＿＿＿＿＿＿＿

＿＿＿＿＿＿＿＿＿＿＿＿＿＿＿＿＿＿＿＿＿＿

一旦你出現不合理的**擔心想法**，就搜尋**信心想法**。

試試這個迷宮。

幫助表演者找到木瓶，但不要讓**眾人注目下的想法**、**讀心術想法**，以及**自我懷疑想法**擋住去路。

信心想法有助於減少**焦慮**，並且讓表演者更容易進入眾人注目之下繼續表演下去。

還有更多好消息：不斷練習就可以讓你原本感到**焦慮**的事情變得容易一些。

讀心術
想法

眾人注目
下的想法

自我懷
疑想法

信心
想法

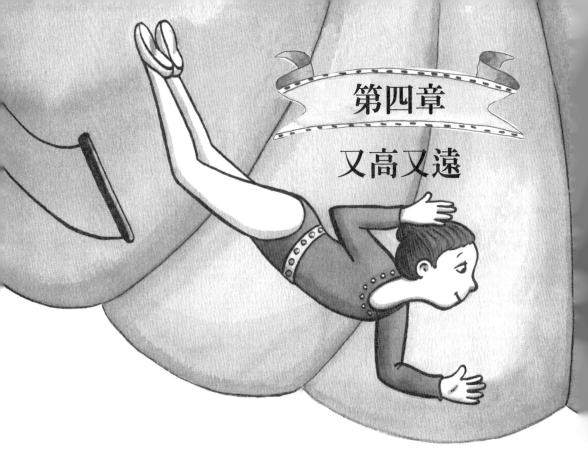

第四章

又高又遠

多數馬戲團表演者都需要很大的勇氣。走繩索表演者必須冒著從接近天花板高度所綁的細繩上掉下來的危險；空中飛人用腳掛在鞦韆上面，然後在空中飛來飛去。當然，這些表演者一開始並不會做最困難的把戲，他們一開始只是一些簡單的把戲，而一旦學得技巧並且克服害怕之後，他們就會挑戰自己去做更多更難的事情。

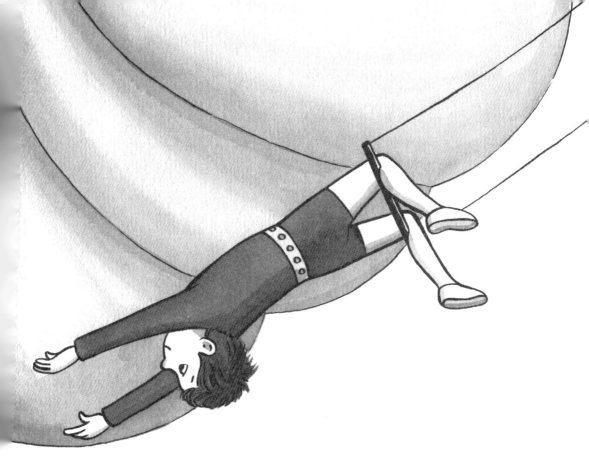

　　克服**焦慮**感覺也是遵照類似的方式。透過練習那些原本會讓你感到**焦慮**的事情，你就可以在那些情境中越來越自在。但是就像馬戲團裡的空中飛人一樣，你不需要從最困難的事情開始做。

每當肯德拉被邀請去朋友家過夜，她就會說不要。她的母親留意到，肯德拉對於自己不能與其他女同學在外過夜似乎感到難過。她不斷勸肯德拉要去，但肯德拉就是太焦慮了。她很害怕朋友家的晚餐會出現怪食物，而她會不好意思說不喜歡吃。她擔心其他人還會說她的睡衣很俗氣，或是談論一些她完全不懂的事情，那她就會很不自在。她也很緊張自己在陌生房子裡會害怕，還可能必須跟大人談到這件事。她認為自己可能會怕到哭出來，然後每個人都會盯著她看。

　　肯德拉所害怕的事情當中，有許多是跟將自己的感覺和需要告訴別人有關。肯德拉感到很**焦慮**，但並不是所有她害怕的事情都讓她有同等程度的害怕。

　　在媽媽的協助之下，肯德拉決定一開始先練習在外過夜，因為這件事只有讓她有一些些不自在。她計畫要到朋友凱西家吃晚餐。她媽媽先跟凱西的媽媽談過，並要求她晚餐不用修改任何菜色。肯德拉和她媽媽事先在家裡討論過，假如有不喜歡吃的食物，該如何用有禮貌的方式告訴別人。

到了她應該要到凱西家那天，肯德拉相當緊張。她媽媽放她下車之後，她覺得更緊張，連在跟凱西玩的時候都無法放鬆。吃晚餐的時候，肯德拉發現凱西家的食物裡有豌豆，有很多孩子喜歡吃豌豆，但肯德拉卻不喜歡。她可以感覺到自己的胃開始緊縮，手心也開始冒汗，但她卻用響亮的聲音說，「不用了，謝謝，我不吃豌豆。」

不用了，謝謝，我不吃豌豆。

媽媽來載她的時候，肯德拉告訴她有關她的重大成功。她知道下次去朋友家吃晚餐的時候還是會緊張，但她也知道自己比較不會那麼害怕，也知道在別人拿她不喜歡吃的食物給她時該怎麼辦。媽媽告訴肯德拉說以她為榮。

　　為什麼肯德拉下次去朋友家吃晚餐會比較不害怕呢？而這會如何幫助她最終有足夠的勇氣去參加過夜宴會呢？練習原本害怕的事情為什麼會有幫助呢？

　　還記得你的身體在你感到**焦慮**時所產生的回應嗎（諸如手心冒汗以及臉發紅）？很好，但假如你在**焦慮**情境待得夠久，你的身體就會習慣它，然後會平靜下來。接下來，下次當你處在類似情境，你的身體就不會出現同樣強烈的反應。假如你繼續練習，最終你的身體可能根本就不會發出這樣的害怕訊號。

列出一份清單，看看何時你會太害羞，或是有哪些情境你會因為**焦慮**而說「不要」。有些可能會涉及要跟不同的一些人說話，諸如你認識的大人、陌生人或是其他孩子。有些可能包括要在別人面前做一些你不擅長的事或從未做過的事。有些可能涉及說出你不喜歡某件事或是開口要求協助。清單越長越好。以下是卡特所寫的清單：

卡特的清單

* 邀請一位朋友去某處

* 參加過夜宴會

* 在超商跟結帳員打招呼

* 自己去買東西，不用大人幫忙

* 在得來速窗口點餐

* 在圖書館問大人廁所在哪裡

* 告訴老師說你不知道怎麼寫你的作業

* 打電話點披薩

* 在操場問某些孩童是否願意跟你一起玩

你的清單

- _____
- _____
- _____
- _____
- _____
- _____
- _____
- _____
- _____
- _____
- _____
- _____
- _____

現在，把你的清單放在梯子上，最困難的放在最上面，最簡單的放在最下面。

下一個挑戰是從梯子的最下方開始努力。多數孩子一次採取一個步驟，而第一步雖然看起來最簡單，卻通常是最困難。你將會發現，一旦你爬得越高，接下來的步驟會比一開始看起來更為簡單。假如真是如此，中間跳過某些步驟也沒關係，或是也可以一次做不只一個步驟。需要的時候，你也可以重複做任何步驟，直至你的**焦慮**變得比較不強烈。

請記住，一旦你嘗試過某些讓你感到**焦慮**的事情，在你習慣那些情境之後，你身體上的不自在反應就會開始消退。因此，勇敢地踏出第一步，很快你就可以攀過梯子飛高高！

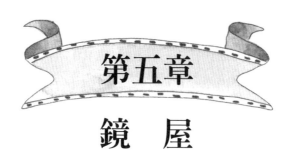

第五章

鏡 屋

你曾進去過馬戲團裡的鏡屋嗎？裡面有許多不同種類的鏡子，你可以在每片鏡子中看到不同的自己。有片鏡子讓你看起來超級高，另一片讓你看起來又矮又胖，還有一片讓你看起來上下顛倒，或是讓你看起來像是卡通人物一樣有張大嘴巴。用這些不同的方式看自己還蠻好玩的，但即使你在不同鏡子裡是不同的樣子，你知道你自己還是同樣那一個人！

與其他人相處有點像鏡屋 —— 跟不同人在一起彷彿你就變得不同。但是即使你跟不同人在一起時表現也不同，你還是原來那個你。有時候你可能感到**焦慮**而不願做某些事情，因為你太害羞了，但有時候卻不會。不過，你總還是你。

感到很害羞的孩子有時候會不確定在別人面前該做什麼。另外,你也可能跟某些人在一起時覺得放鬆和自在,但跟某些人卻不是這樣。

在跟你覺得可以自在相處的人在一起時,你會做些什麼呢?你可能會微笑、聊天、看看對方,或是對他說的話表達興趣。這些行為都屬於表達友善的行為。

若是你跟別人在一起時感到**焦慮**,你看起來可能沒有像自在時那麼友善 —— 但那只是一片迷惑人的鏡子而已。你的內在還是同樣的那個人。要看起來或聽起來友善其實有不同的方式,即使你感到不自在。要經常練習表現友善,這樣在你開始感到**焦慮**時,你就可以運用這些技巧。表現友善的**第一步**是打招呼。以下是一些不同的方式:

- 站起來
- 看著那個人
- 微笑
- 說嗨

第二步是開始對話。以下是與別的孩子開始對話的
一些方式：

現在換你了。你還可以問什麼？

一旦你在跟別人談話，有一些維持對談的技巧將會很有幫助。以下是你需要的一些基本技巧：

- **輪流**：有些人霸占了太多的談話。在一場對話當中，你需要說也需要聽。

- **回應話題**：有些人不斷談到心裡所想的事情，而不是回應別人所說的事。你不需要在整個談話時間裡都談論同一個話題，但確保要傾聽並回應別人所說的話。

- **問問題**：當你問別人一個問題，就是在表達你對他們的興趣。

- **表示意見**：對別人所說的事表示意見，是表達興趣的另一種方式。

諾亞在跟別的孩子說話時，通常不太會**焦慮**，但莉莉會。有一天早上他在學校裡碰到莉莉，他說，「我上星期六看了《火星來的孩子》這部電影，妳有看過嗎？」

　　莉莉感到**焦慮**，低著頭說，「沒有。」

　　諾亞又再一次說，「那部電影很好看，妳應該要看。」莉莉不知道該說什麼，便沉默不說話。於是諾亞把注意力轉向別人。

我們來幫助莉莉跟諾亞對話。

當諾亞說，「我上星期六看了《火星來的孩子》這部電影，妳有看過嗎？」莉莉可以怎麼回應呢？

寫下一個友善的回應

夏洛特的祖父母最近來她家拜訪。他們住在另一個城市，並不常來看她。夏洛特對於跟他們談話感到**焦慮**。

幫助夏洛特給祖父母一個禮貌且友善的招呼。她應該說什麼呢？

1. _____

2. _____

3. _____

4. _____

她可以問或說什麼來開始對話呢？

1. _____

2. _____

3. _____

4. _____

夏洛特可能還是會**焦慮**一陣子，不過若是她表現出友善，她祖父母應該也會很友善，這會讓她更自在一些。科學家已經發現到，人們笑的時候會真正覺得更快樂。你在快樂的時候會笑，但是你在笑的時候也會快樂。

　　多多練習你的打招呼和對話技巧，很快地，你的友善就會反應在別人對你的善意回應當中。

第六章

馬戲團領班

馬戲團領班會介紹馬戲團並且做表演的串場。做這份工作的人必須能夠**大聲說話**，不管聽者是誰。每個人都必須成為自己的馬戲團領班，並且**大聲說出**自己的**主張**。**大聲說出主張**是什麼意思呢？就是用一種有禮貌但很堅決的口吻告訴別人你想要或需要什麼。有時候你必須大聲說出主張來讓別人知道你想要或喜歡什麼，或是不想要或不喜歡什麼。你不一定每次都能得到你想要的，但假如你沒有**大聲說出你的主張**，你當然不會得到你想要的東西。

路易斯正在學校餐廳裡取餐，夾菜婦人拿給他一根香蕉，而不是他想要的蘋果。**大聲說出主張**就是說出，「麻煩妳，我可以換蘋果嗎？」

瑪雅參加一場生日宴會。孩子們輪流溜滑梯，她留意到有些孩子已經溜第二輪，但她卻還沒有溜到。**大聲說出主張**就是說出，「下一個換我了，謝謝。」

假如**焦慮**感覺擋在中間，可能就很難**大聲說出主張**。

很難大聲說出主張的原因是什麼呢？

其中一個理由是擔心別人的反應。你可以在不同情境練習該說什麼，並且準備好**大聲說出主張**，但你還是無法確定別人會如何回應。不知道別人會如何回應將會讓你很難**大聲說出主張**。

有些孩子認為假如自己**大聲說出主張**，別的孩子會取笑他們或是對他們生氣。因此他們就保持沉默。

請記住你有權力可以大聲說出主張。別人對你或如何回應，並不意味著你不應該大聲說出主張。在下一章我們會給你一些面對別人反應的技巧，但現在我們來看看一些**大聲說出主張**的指引。

- 音量要夠大聲

- 站得挺直

- 有禮貌

在學校有很多機會大聲說出主張。

有人插隊時你可以說什麼呢？

你可以說，「麻煩你，排隊要到後面那裡。」

若是你還在用某樣東西但有人試著要從你這邊拿走，你可以說什麼呢？

_____

_____

_____

_____

　　若是你想要坐在餐椅上，卻發現椅子上有東西，你可以說什麼呢？

_____

_____

_____

_____

在朋友家也有很多機會大聲說出主張。

　　若是你朋友的爸爸拿給你一份你不喜歡吃的點心，你可以說什麼呢？

　　你可以說，「伯父，抱歉，我不喜歡吃香蕉，我可以有別的選擇嗎？」

若是你朋友不讓你一起決定要玩什麼，你可以說什麼？

_____

_____

_____

_____

_____

若是你朋友的父母容許你看一部你父母不希望你看的電影，你可以說什麼？

_____

_____

_____

_____

_____

生活中充滿著你必須**大聲說出主張**的情境。你無法控制別人，但你可以成爲你自己的馬戲團領班。你可以告訴別人你需要什麼以及你在想什麼，還有能接受什麼以及不能接受什麼。

多數情況下，別人會欣賞你的訊息。但是有**焦慮**感擋在中間的人可能需要練習他們**大聲說出主張**的技巧。所以，大伙們，馬上走出去開始練習吧！

第七章
預期會有沒料到的事發生

馬戲團表演者花了很多時間練習動作、挑選戲服、檢查道具，以及訓練動物，但有時候事情並沒有照計畫走。

就像馬戲團裡的表演者，你在克服**焦慮**的過程中有時候必須處理一些沒料到的事。假如你花了許多時間計畫要對觀眾說的話，若他們沒有按照你想要的方式回應，那一定很挫折。假如你克服**焦慮**去邀請某人參與你的活動，但她卻說「不要」，那可能會傷你的心。不過，即使事情沒有按照你預期的方式進行，你也不可以失去勇氣。

在計畫嘗試某件讓你感到**焦慮**的事情時，你也應該花些時間想想可能會出什麼狀況，以及問題出現時該怎麼辦。

? 假如你邀請一位朋友去看電影但她卻說不要，那該怎麼辦？

? 假如你告訴老師你的數學需要幫助，但他卻說，「重看題目一次」，那該怎麼辦？

? 假如你去參加一場保齡球聚會，但所有其他的孩子都比你打得好，那該怎麼辦？

? 假如你在操場上要求加入一個團體，他們卻不讓你加入，那該怎麼辦？

? 假如店員很不耐煩你究竟要花多少時間才能拿出銅板來付棒棒糖的錢，那該怎麼辦？

這些擔心可能聽起來很熟悉，但是光擔心事情沒有按照預期與擬出該怎麼做的計畫之間還是有差異。擔心只會帶來**焦慮感**，但假如你事先計畫好如何處理有挑戰的情境，你就會有一些建設性的方式來處理它們，並且對反應的方法做出良好的選擇。

傑克發現班上有一些男孩之前受邀參加丹尼爾的生日宴會去玩漆彈，但他卻沒有受邀。他有點傷心，但他決定擬出一個計畫來處理這個問題。他想了想他的選項：

詢問丹尼爾和其他男孩那天玩了什麼……

對生日宴會不表示任何意見……

告訴丹尼爾，我很生氣……

邀請丹尼爾和另一個孩子改天去玩……

帶一份生日禮物給丹尼爾……

傑克想了想每個選項做了會怎樣，以及他會覺得怎樣。他想過什麼都不說，但他又覺得這樣不好。最後他決定邀請丹尼爾和喬改天去攀岩。

當別人做出你不喜歡的事情，你可能會感到挫折、傷心、生氣或不好意思。有時候這些感覺很強烈。如果真是如此，最好停下來想想你的選項，正如傑克所做。這就叫做

我們練習一下

1. 學校裡有一個孩子說你「很沒用」。你可以：

   A. 忽略她

   B. 讓她知道她這樣說讓你難過

   C. 大笑

   D. 叫她「矮胖妹」

   E. _____

2. 你要辦一場生日宴會，但你最要好的朋友中有兩個人說不能來。你可以：

   A. 問他們為什麼不能來

   B. 不再對他們友善

   C. 取消宴會

   D. 邀請另外兩個人

   E. _____

3. 你正努力克服**焦慮**，等著詢問你足球教練一個問題，但他卻沒看到你。你可以：

A. 走開，改天再來

B. 用足夠大的音量說「抱歉，布朗老師」

C. 跳來跳去然後說「布朗老師、布朗老師」

D. 要求你爸爸替你跟布朗老師說

E. _____

4. 你在飲水機喝水的時候剛好有人從後面撞到你，結果水流到胸前。你可以：

A. 說「小心點！你害我弄濕了！」

B. 向老師告狀說有人推你

C. 靜靜地走開

D. 用水潑你後面那個孩子

E. _____

裡面有些答案比其他答案更好一點。

一旦你已有了選項清單，花些時間想想每樣選項做了之後會怎樣，那會幫助你決定哪個選項最好。

在傑克的情況中，他真的想要跟丹尼爾和其他男孩成為更好的朋友，所以他認為生氣和不說一句話都沒有幫助。他反而試著想出一項他可以邀請朋友參加的有趣活動。

你越能夠利用**暫停**來想想你可以回應沒料到、令人生氣或傷心的經驗，你就越能夠克服**焦慮**感。

第八章
坐好、放鬆、享受看表演

當你在馬戲團享受表演，走繩索表演者正努力專注在每一步。馬戲團的每一位成員都有工作，而且都非常需要專注和細心。

　　當你在挑戰**擔心想法**、嘗試讓你到**焦慮**的事，還有在練習你的友善技巧時，你就像是一位馬戲團表演者。你必須專注在你正在做的事以及正在說的話。表演讓你的身體處在壓力模式之下。若是壓力幫助你專心並且往你的目標前進，那壓力是好的。走繩索表演者的肌肉很緊張，這樣他們在走過繩索時才不會搖搖晃晃。在走過的每一步上面，他們都是大力呼吸並且專心一致。

　　但是沒有人能夠永遠保持這種狀態。在表演過後，表演者需要有放鬆的方法，並且讓身體解除壓力。你也需要這樣，我們都需要。

放鬆可以很活躍或是安靜卻有創造性。你可以一個人放鬆或是跟別人一起。最好有各種不同的放鬆方式。想一想你喜歡用什麼方式來放鬆。以下的清單可以告訴你別的孩子會用哪些方式來放鬆。把適合你的一些活動填入清單中：

運動

騎腳踏車

游泳

跳繩

_____

_____

_____

製作

繪畫

黏土製作

建造某些東西

_____

_____

_____

連結

跟朋友遊戲

跟媽媽或爸爸玩牌

跟姑媽看影帶聊天

_____

_____

_____

平靜

閱讀

洗澡

聽音樂

_____

_____

_____

　　找到一些方法放鬆和平靜自己，將會有助於你從**焦慮**情境所帶來的壓力中復原。

在進入一個壓力情境之前，「與自己談談」也是有幫助的方式。你認為走繩索表演者會對自己說「我今天可能會掉下來嗎？」我們希望不會！他們比較可能會說：

「我知道所有的狀況」或是「我已經練習過無數次了」。

當你在練習大聲說出主張或表現友善時，你對自己說什麼呢？試著鼓勵一下自己。拿個鏡子照照自己，給自己一個精神談話。以下是一些例子：

凱莉，妳的笑容很友善。

傑瑞米，你一開始很安靜沒關係，待會兒你就會變得超好玩的。

崔米斯，上次你大聲說出主張之後，情況很好，你可以做到的！

你可以對自己說什麼呢？記得說一些話鼓勵你真正做到的部分。

關於你

做一些讓自己放鬆的事並且給自己一個精神談話，將會幫助你解除壓力並且鼓勵你邁向目標。接下來你就可以坐好、放鬆、享受生活！

第九章

你做得到！

雖然每個人有時候都會感到**焦慮**，但**焦慮**不必然會擋住你想要做的事情，或是妨礙你想要跟某些人一起互動。可能需要一些時間，但**焦慮**可以被馴服。你可以運用**信心想法**來取代**擔心想法**，協助你保持平衡，即使在一開始感到有些怕怕的。透過用鼓勵性的想法挑戰不真實的想法，你可以幫助自己覺得好一點。

當然，就像馬戲團的表演者一樣，你必須不斷練習這些技巧，才能越來越熟練。那意味著要練習表達友善以及用有禮貌的方式大聲說出主張。當然，你也需要事先想想事情不如預期時該怎麼辦。必須花一些時間才能真正做好這些技巧，因此要對自己好一點、有耐心一點。

當你需要平靜和放鬆的時候，現在你知道你做得到。

做得好！在這張馬戲團卡片寫下你的名字，去加入樂趣友誼馬戲團！

來吧，大家一起來
參加樂趣友誼馬戲團！

看看不可思議的

———————————
（寫下你的名字）

表演高空壯舉！

驚嘆

———————————
（寫下你的名字）

成功馴服
焦慮怪獸！

國家圖書館出版品預行編目資料

太害羞怎麼辦？：幫助孩子克服社交焦慮／
Chaire A. B. Freeland, Jacqueline B.
Toner著；Janet MaDonnell繪圖；陳信昭，
陳弘恩，陳玠綸譯.--二版--.--臺北市：書
泉出版社,2023.09
　面；　公分.
譯自：What to do when you feel too shy: a kid's
guide to overcoming social anxiety
ISBN 978-986-451-333-8（平裝）

1.CST: 兒童心理學　2.CST: 焦慮症
3.CST: 親職教育

173.12　　　　　　　　　　112011048

3IDS

太害羞怎麼辦？
幫助孩子克服社交焦慮

作　　　者 —	Claire A. B. Freeland
	Jacqueline B. Toner
繪　　　者 —	Janet McDonnell
策 劃 者 —	自然就好心理諮商所
審 閱 者 —	陳信昭
譯　　　者 —	陳信昭　陳弘恩　陳玠綸
發 行 人 —	楊榮川
總 經 理 —	楊士清
總 編 輯 —	楊秀麗
副總編輯 —	黃文瓊
責任編輯 —	李敏華
封面設計 —	陳亭瑋
出 版 者 —	書泉出版社

地　　　址：106臺北市大安區和平東路二段339號4樓
電　　　話：(02)2705-5066　　傳　　真：(02)2706-6100
網　　　址：https://www.wunan.com.tw
劃撥帳號：01303853
戶　　　名：書泉出版社

總 經 銷：貿騰發賣股份有限公司
電　　　話：(02)8227-5988　　傳　　真：(02)8227-5989
網　　　址：www.namode.com

法律顧問　林勝安律師

出版日期　2018年3月初版一刷
　　　　　2023年9月二版一刷

定　　　價　新臺幣250元